쭉정이는 되지 말아야지

쭉정이는 되지 말아야지

초판 1쇄 인쇄   2010년 10월 15일
초판 1쇄 발행   2010년 10월 20일

지은이 | 김만수
펴낸이 | 金泰奉
펴낸곳 | 도서출판 띠앗
등 록 | 제4-414호

편 집 | 박창서, 김주영, 김미란, 이혜정
마케팅 | 김워철, 노빵수
홍 보 | 장승윤

주 소 | (우143-200) 서울시 광진구 구의동 243-22
전 화 | (02)454-0492(代)
팩 스 | (02)454-0493
이메일   ddiat@ddiat.co.kr
홈페이지 www.ddiat.co.kr

값 6,000원
ISBN 978-89-5854-079-3 (03810)

*잘못 만들어진 책은 구입하신 서점에서 친절하게 바꿔드립니다.

쭉정이는 되지 말아야지

김만수 지음

도서출판 땅

• 시인의 말 •

혹자는 네게
무슨 일을 하느냐고
물어 볼 때마다
서슴없이 나는 자랑스럽게
소방관이라고 했었다.

청춘에 입사해
30여 년을 보내면서
정년을 코앞에 두었지만
조직을 떠난다 해도
나는 평생 소방관이기를
바라고 살 것이다

그 속에서
나의 삶이 정립되었고
나름대로 가장의 책임과
소방의 특유한 임무를 수행한 것에
가슴 뿌듯함을 느끼며

돌이켜 후회 없으니

어쩌면
죽는 날까지도
나는 소방관일 것이다

庚寅年 秋分之節에 嶋泉

• 차례 •

시인의 말 _ 4

1장 소방관의 노래

소방관 _ 13
사이렌 울면 _ 14
님들은 갔습니다 _ 16
미망인 _ 18
상념 _ 19
봄 그리고 아픈 겨울 _ 20
산까치 _ 22
보안등 _ 23
되임 _ 24
오인출동 _ 26
하프 마라톤 _ 27
소방관의 겨울 _ 28
입동 _ 32

2장 살아가는 동안에

말씀 중에서 _ 35
감사하며 살자 _ 36
돌아보는 지혜 _ 38
마음의 그릇 _ 39
말씀은 _ 40
버려진 양심 _ 41
비우자 해놓고 _ 42
살아가는 동안에 _ 43
순응 _ 44
신념 _ 45
축복의 생명 _ 46

환란 속의 지혜 _ 48
자선냄비 _ 50
쓰레기통 _ 51
웃음의 효과 _ 52
망각(忘却) _ 53
놀이터 _ 54
들길에서 _ 55
아침 찬가 _ 56
귀향길에서 _ 58
수양(修養) _ 62
욕망의 죄 _ 63

3장 쭉정이는 되지 말아야지

도봉산의 사계(四季) _ 67
쭉정이는 되지 말아야지 _ 68
겨울에는 _ 70
도시의 밤하늘 _ 72
매미 _ 73
만추의 고독 _ 74
바둑 _ 76
방파제에서 _ 78
배밭 갈비 _ 80
비인만에서 _ 81
중랑천의 사냥꾼 _ 82
설악 고목 _ 83

주(酒) _ 84
시험 후(試險 後) _ 86
시화방조제 _ 87
애완견 _ 88
여의나루 _ 89
영금정(瀯琴亭)에서 _ 90
월척(越尺)을 기다리며 _ 91
이(耳) _ 92
의지 94
삼분령 새벽 _ 95
코스모스 _ 96

4장 거미 어메

겨울나무 _ 99
거미 어메 _ 100
강변의 고독 _ 102
눈 _ 103
굿 _ 104
노을나그네 _ 106
곡(哭) _ 107
겨울바다 _ 108
북망산 _ 110
생명 _ 111
소임 _ 112
아내 _ 113

어머니 _ 114
의문 _ 116
하루살이 _ 118
인생 _ 120
허상(虛像) _ 121
성묘길에서 _ 122
혼자 가는 길 _ 123
화장터 _ 124
고행 _ 125
파랑새 _ 126
소망 _ 127

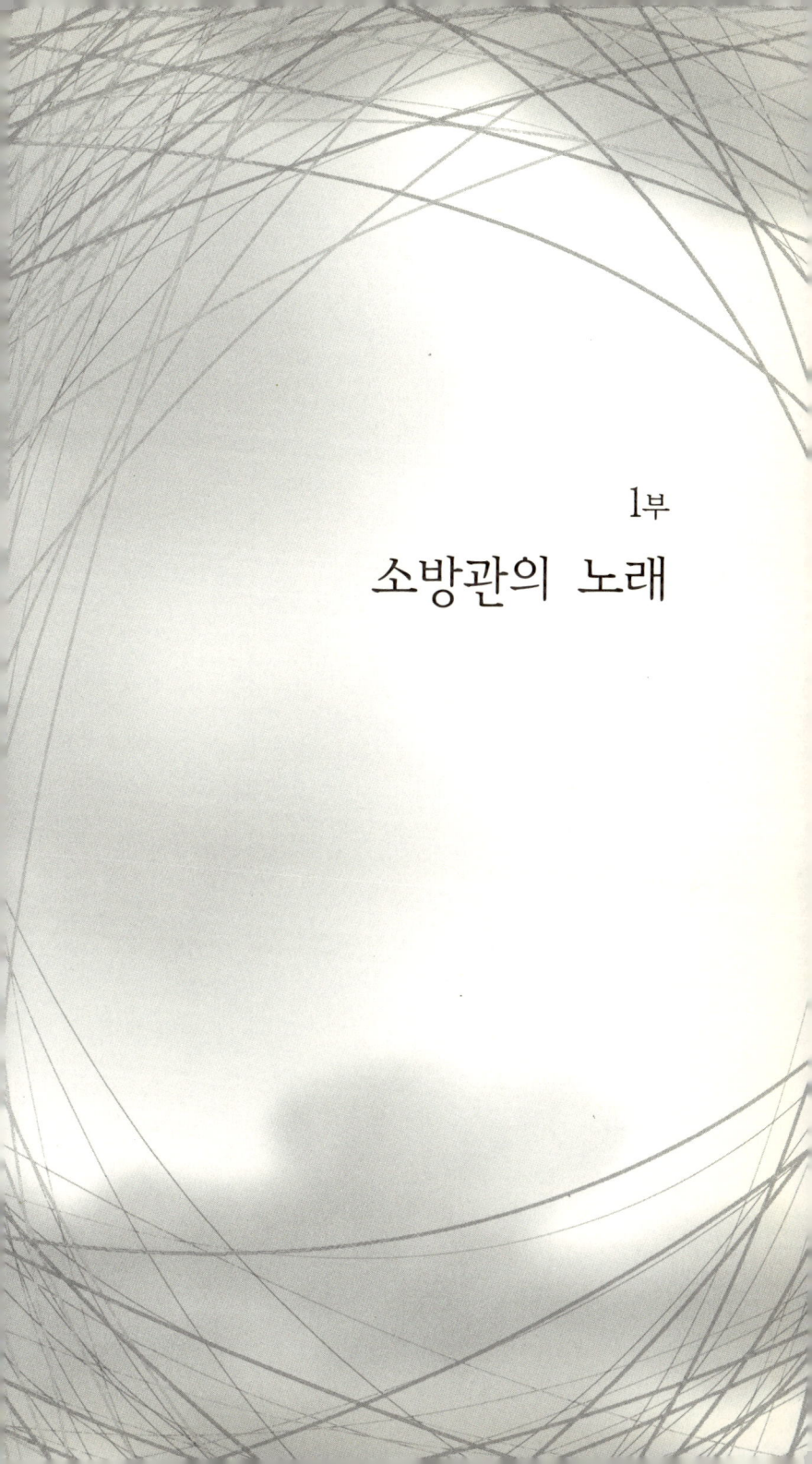

1부
소방관의 노래

소방관

방치된 가연물
위험 때문에
예방 경계 위하여
이곳에 있고
화마 꽃 피어나는
아픔이 있어
화재진압 그것 위해
여기에 있네

병들어 아픈
신음소리에
구급손길 애태워
이곳에 있고
천재로 인재로
울부짖음에
구조요청 위하여
여기에 있네

누구인가 해야 할
고귀한 사명에
숨쉬는 그날까지
그곳에 있네
그래 가슴 따듯한 소방관
나 여기에 있네

사이렌 울면

소방차
사이렌 울면
당신의 고통은
나의 고통입니다

뜨겁게 휘감기는
농연 속에서
사선 넘는 구조는
긴장의 연속

아파하며
이송을 재촉하던
긴급 환자들

소방차
사이렌 울면
잿더미 사연은
당신과 내 가슴에
멍울입니다

부주의로
후회만 남은
피 흘려진 모습과
그 모든

크고 작은 고통들이
밤낮을 가리지 않으니

소방차
사이렌 울면
당신의 고통은
나의 고통입니다

시간이 지나도
불현듯 꿈속마저
찾아옵니다

지금은
평화로운지
그것마저도
부담으로 남았습니다

소방차
사이렌 울면
당신의 고통은
나의 고통입니다

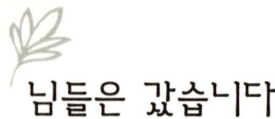
님들은 갔습니다

님들은 갔습니다
사랑을 위한 희생으로
님들은 갔습니다

절규하는
그들을 위해
살을 깎고 피 흘려
촛불처럼 승화하신
넋들이여

애국의 하늘 아래
평화의 불새가 되어
님들은 갔습니다

님들 희생 있었기에
안전 지킴이로
오늘이 부끄럽지 않습니다

아, 그러나

님들이 가신 지금도
그늘진 도심 하늘에
온갖 재앙은
어찌 하나요

님들이 남기고
가신 것처럼
소방관 그 이름 접을 때까지
평화를 위한 사명을
다하렵니다

이제는 날갯짓
멈추셨으니
가슴 찢던 사이렌 소리
잊어버리고

재난 없는 하늘에서
편히 쉬소서

고이 잠드소서

미망인

동작 북망산
바람만 스산한데
침묵 앉은 골짜기
하얀 새 운다

그리워
지쳐 울다가
소리마저 야윈
슬픈 메아리

땅거미 지면
더욱 슬퍼져
별들의 눈물마저
내려앉을 터

청상(靑孀)에 우는
동작 북망산
저물도록 스산하게
바람만 분다

상념

윙 윙
문설주 휘파람 소리
기어이 동장군 오시려는가
추위와 함께 찾아올
잦은 화마들

올 겨울은
어떤 모습으로 다가올 것인지
이제는 오래 묵어
태연할 수도 있으련만

예측할 수 없는
재난 때문에
차가운 바람 소리는
마음마저 시리다

아! 이 겨울에도
생명의 피해가 없고
사고 하나 없이
임무를 수행해야 할 텐데

창 밖
싸늘한 네온 빛은
20년 불잡이도 가슴 졸인다

봄 그리고 아픈 겨울

젊은 날의
두렵기만 하던
애벌레

불 먹이 찾아
헤매이다가

죽어 버린
혼령을 밝으며
겁 없이 살아왔다

낮 밤 없이
피었다 사라진
응어리 아픔들

이제는
그 모두가
가슴에
멍울로 남고

아,
어느덧
반 오십년 세월은

꼬리 긴
불나비 되어
불춤을 춘다

그리고
돌아다 본다

살을 에던
아픈 겨울과
봄날처럼 스쳐간
따스함들을

산까치

뿌옇게
잿빛 하늘 아래
눈이 내린다

초안산 철길 옆
벌거벗은 아카시아
여름날
흰 꽃송이 날리더니
이 겨울 하얗게
눈꽃을 뿌린다

아름답고
슬픈 사연의
흩어진 시간들을
아는지 모르는지

꽃잎 내려도
눈 오는 날에도
나목가지 끝에는

산까치 앉아
울고 있었다

보안등

어두운 밤
골목길에 그림자 하나

갓 모자 쓰고
눈 크게 하여
인적 끊긴 어둠을
밝히고 있다

비가 오든
눈이 내리든
있으나 없으나
알지 못해도

모두가 잠든 밤을
홀로 지킨다

먼동이 터
별이 지면은

지쳐서 잠이 든다

퇴임

저무는 신작로
마른 나무에
빛바랜 잎새가
안타깝다

어차피
가야 할 길이라면

세월의 철리 속에
걸친 누더기
찬바람 오는 길에
벗고 가야지

조금의 미련도
남기지 말고
푸름의 기억마지도
버리고 가자

그러다가
동지 짧은 해
코끝 시린 날 오면

서리 맞은 잎새
바람 구르다

눈 덮여 부서지고
또 부서지고

형체마저 알 수 없는
길을 가겠지

하지만
떠나는 낙엽이
슬프지 않은 것은

또 다른
생명을 잉태할
거름일 것을 믿기에

그래!

한때나마
청청했던 기억마저도
버리고 가자

오인출동

신호 대기로
정지된 차량들

초를 다투어
가야 할 길이기에
마음은 급한데

밀려선 차량들을
뒤로 보면서

중앙선 넘어
반대 차선을 타고
소방차가 달린다

그렇게
사선을 넘어서
현장을 왔건만

바퀴벌레 소독
오인(誤認) 신고라니…

하프 마라톤

반 돌아서면
뿌연 허공이다

천근 무게로
동맥을 조이는 고통
젖은 등줄기
터질 듯한 가슴

주저앉고 싶은
고통의 길을
왜 나는 뛰는가

오장으로 느낄
극복의 쾌감 때문일까

아니다

어쩌면
달리는 자신보다
빨리 가는
시간 때문일지도

소방관의 겨울

꿈인 듯
어렴풋이 지친 눈 감았는데
가침 속에 들려오는
단말기 외침소리

심장이 고동을 친다
출동 벨 소리
이제는 온 몸에 익었으련만
뛰는 가슴은 어쩔 수 없다

달리는 새벽길은
오늘밤도 어김없이 눈이 내리는데
찬바람을 헤치며
사이렌 소리
초를 다투며 횅한 도로를 간다

공기통 메고
숨 쉴 수 있는 생명줄 목에 걸면
무선으로 들리는 긴박감 속에
아비규환이 보인다

전장으로 가는 길에
밤하늘 높이
검은 구름이 솟고 있다

가까이 가면 갈수록
짙은 연기는 화세를 가늠케 하고
길목을 돌아서니
산처럼 불꽃이 크다

화마는 거침없이
주변 점포로 연소되고 있었고
낮처럼 밝은
거대한 화염 속으로
대원들의 수총에서는
물대포가 퍼부어진다

최성기의 화마는
방치된 가스통으로 대항을 하고
가슴을 짓누르는
고압전선은
굉음을 내며 터져 나오는데

살 껍질이 벗겨질 만큼의
뜨거움을 견디며
불꽃 속의 요구조자를 찾아
돌진해 가야만 한다

사선을 넘어
호흡마저 힘든 긴장 속에서
연기 속을 헤치고
겨우 구조된 사람은
유독가스에 질식되어
신체의 부분을 태운
반 주검이었으니

구급차량의
사이렌 소리를 뒤로하면서
부디 살아주기를 기대하며
또다시
불꽃을 따라간다

온 힘을 다한 파괴와
물대포의 시투로
이제는 산처럼 크던 화마도
서서히 쫓기어 간다

발악하는 잔불들이
흰 연기로 죽어 가면서
열기가 사라질 때면
전장은 무섭도록 어두워지고

젖은 방수복에는
고드름이 맺힌다

사투의 땀으로
적시어진 온몸이 시려올 즈음
작은 불티마저 사살하고
돌아서는데

눈 속에 앉아 맨발로
통곡하는 모습을 본다

구석방에 잠들다
피하지 못한 어린아이 때문에
그리고
모든 것을 잃어버린
애절한 울음들이다

검댕이 만신창이 몸이
아픈 모습을 뒤로하고
전장터를 빠져나오면
눈은 그치고

하얀 겨울은
새벽 먼동이 터온다

입동

11월 초순
겨울비 뿌리고 간 새벽녘
움추려
창밖을 본다

불빛 초라한
인적 없는 거리를
바람 따라 뒹구는 낙엽들

나뭇가지 사이로
조각달 올려놓고
빠르게도 구름이 간다

싸늘한 밤하늘은
동장군이 오시려나

저기 어둠처럼
미래의 알 수 없는
재난들 상념

철야 근무 도시의 새벽은
가슴마저 시리다

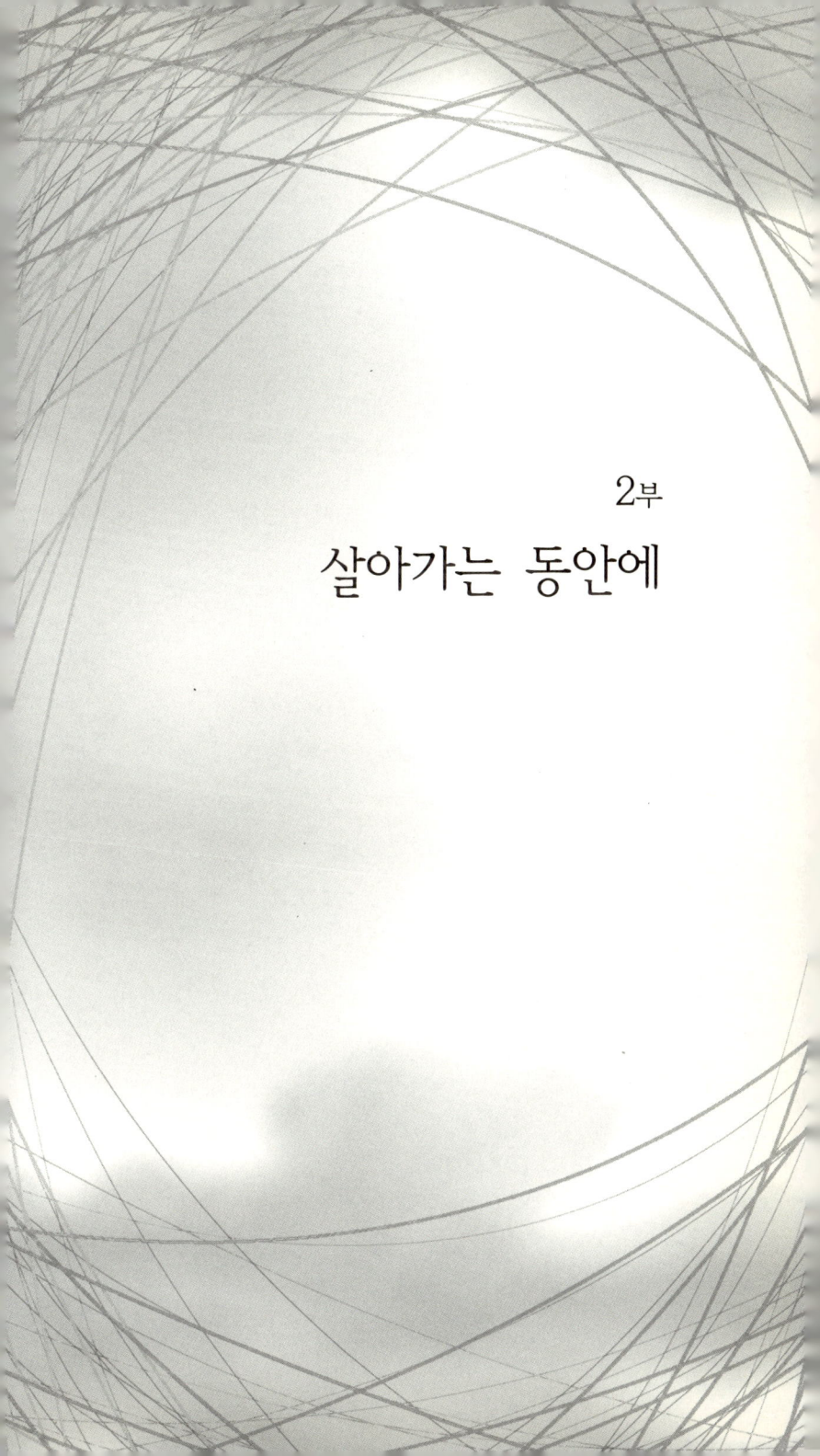

2부

살아가는 동안에

말씀 중에서

목사님이
말씀하셨습니다
행복하려면
바꾸어야 한다고

저 원수만 없으면
내가 행복할 것 같아 라는
생각 하지 말고
당신 때문에
행복하다고 해야 하는
사람이 되라고

행복은 그렇게
스스로
만드는 것이라지만

목사님

사람 사는 것
그것 참 잘 안 됩디다

믿음의 그릇 작으니
사는 동안에
이룰 수 있으려는지요

감사하며 살자

살아가는 동안을
나는 감사하며 살아야 한다

숨 쉬어 살아서
먹을 수 있고 느낄 수 있다면
보고 듣고 말하고
거동할 수 있다면

나는 감사하고 살아야 한다

모두가 같이
억만분의 일로 태어났건만
이름도 붙이지 못하고
죽어간 생명들

눈을 뜰 수 없어
피를 쏟아 낳은 자식의
얼굴을 볼 수가 없고
걷지도 듣지도
말하지도 못하며
살아가는 수많은 사람들

살아있으나
어둠에 살고

먹지도 씻지도 못하며

가죽만을 남기고
죽음을 기다리는
슬픈 운명의 사람들

그 외에도
외롭고 아픈
수많은 불행한 삶들이 있기에
나는 감사하며 살아야 한다

살아가는 동안에
살아있음을

나는 감사하며 살아야 한다

돌아보는 지혜

끝이 어딘가
알지도 못한 채

올라가야
얻는 줄 알고
오르려고만 합니다

오르면
행복할까요
즐겁기만 할까요

오를수록
내려오기 힘겨워
짐만 커질 터인데

돌아보세요

느끼기 위해
오르기만 하기엔
세상살이
너무도 짧은 것을

마음의 그릇

그릇은
어찌 생기었든
무엇을 담는가에 따라
쓰임의 용도가 되어
꿀단지가 되기도
개 밥그릇이
되기도 한답니다

사람이란 그릇도
무엇을 담고 사는가에 따라
달라지겠죠

악(惡)을 담으면
지옥의 그릇이요
선(善)을 담으면 천국의 그릇이
되는 것처럼

자신이 어떻게
삶을 사는가에 따라
천국이 되기도
지옥이 되기도 할 것입니다

당신의 그릇은
어느 것인가요?

말씀은

메마른 땅에도
목타는 가슴에도
단비처럼
쏟아져 내립니다
소금처럼
썩지 아니하고
촛불처럼
몸을 태우게 합니다

말씀의 비는
선한 사람 악한 사람
모두에게도 내립니다
원수에게도
기도하게 하며
품어 안고
나아지게 합니다

말씀은
초개처럼 사라질
인생살이에
영영 사는 구원이 됩니다

말씀은 은혜가 된답니다

버려진 양심

온갖 더러움
떠가는
장맛비에 한강은
쓰레기 강이다

명 다해
미움만 남은
부끄러움이
흉물스러운데

쓰레기 양심
함께 가지 아니하고
어찌해
부끄러움만
떠내려갈까

쓰레기 양심으로
살지 말아야지

장맛비에 한강은
쓰레기 강이다

비우자 해놓고

주는 것이
행복이라기에

주려 하니
망설여지고
안 주려 해도 갈등입니다

그래
나누고 가자
해놓고

훌훌 털어
비우자 해놓고

욕심의 끈

놓을 줄을 모릅니다

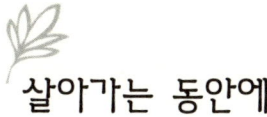
살아가는 동안에

살아가는 동안에
함부로 쓰여지지 말고
스스로를 소중히 하세요

기적 같은 생명
쓰임 받아 태어났으니
귀하게 써져야 합니다

미움 때문에
더럽게 쓰여지지 말고
원망 받으며
버려지지 마세요

한 번뿐인 것
그것은 귀한 것이고
아름답게 빛나서
의롭게 쓰여져야 합니다
우리 모두
어렵게 온 세상을
미움 받으며
더럽게 쓰여지지 말고

소금처럼 살다 가요
촛불처럼 살다가 가요

순응

오는가
가는 것인가
말없는 세월

네가 와
늙으라 하면
하얗게 늙어 가리라

바람 불면
부는 대로
아프면 아프리라

꽃이 피면
바라보다
향기 마시고

잠시 그 속에
묻히었다가
벗으라면 벗으리
발가벗으리

오가는 세월에
나 모든 것을
주고 가리라

신념

살아가는 동안에
단 한 사람만이라도
나를 사랑한다면
언제까지나
그를 그리워하리라

살아가는 동안에
단 한 사람만이라도
나를 알아준다면
아무리 험한 길일지라도
그를 위하여 살리라

살아가는 동안에
단 한 사람만이라도
나를 믿어 준다면
끝까지 사랑하다가
그를 위하여 죽으리라

그대 있기에
나는 슬프지 않으리
외롭지도 않으리
살아가는 동안에
단 한 사람만이라도
나와 함께한다면

축복의 생명

생각해 봐요
자신이 있기까지를

수억의 무리 중 한 개와
수십만의 으뜸인 하나가 만나
경이적으로 태어났답니다

얼마나 축복인가요!

자신을 위해
들러리 서다 사라져간
무수한 생명들

살아있다는 그 존재를
위해서라도
행복한 삶을 살아야 할
권리가 있답니다

우리는
귀중한 생명들이지요

함부로 하지 말고
다하고 돌아가는 날까지
스스로 귀히 여기며

살아야 할
의무가 있답니다

어디에 있든지
무엇을 하든지
당신은 소중한 사람이기에

학대하지 말고 살아요
감사하면서 살아요

경이로운 경쟁으로

기적처럼 세상에 온
생명들이니까요

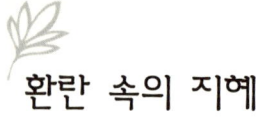
환란 속의 지혜

빛이 있어
낮에는 보인다지만
빛 때문에
볼 수 없는 것도
있지 않던가

낮에는 시야가
하늘 아래
수십 킬로이지만

어둠 속 밤에는
광활한 우주
수백만 킬로인 것을

먼 곳에 점점이 별을
어둠에서만
볼 수 있는 것처럼

여건이 좋아야만

무엇을
볼 수 있을 것이라는
관념을 버리고

환란 속에서도
더 멀리 볼 수 있는
지혜를 갖자
어차피 어둠이라면

자선냄비

함박눈 뿌려지는
밤하늘에
조그만 아주 작은
행복이 있었다

끝없이
먼 허공을 날아가는
종소리로
점점이 뿌려지는
눈꽃송이들

하얀 눈은 어둠을 깨고
눈의 설상(雪像)은
빈 것을 있는 것처럼 한다

마음 문을 열고
종소리에 담으니
뿌듯함이
온몸을 돌아간다

종소리 하늘 끝까지
온 세상에 들렸으면

쓰레기통

새것 위해
더러움을
받아들인다

사랑받으며
화려했지만
버림받고 오게 되는
추한 모습들을

불평 하나 없이

더러움을
품을 수 있는
네가 있기에

세상은 아름답다

웃음의 효과

一笑一少
一怒一老

한 번 웃으면
한 번 젊어지고
한 번 화내면
한 번 늙어진다 하니

날마다
웃는 일과
웃는 마음을 품으라네

3년 고개 이야기
一笑一少는
천년까지 청춘일 것을

그러다가
천국 가는 길

지각이나 않을는지

망각(忘却)

갈 곳을 몰라
왔던 길 다시 가서
낄낄대며 웃는다
옷 벗어
한 조각 빵을 물고
부끄러움도 모른 채

오가는 사람 잡으며
비시시 웃는다
뿌리치면 혼자서 말한다
혼자 웃고 있다

욕심 하나 없이
과거를 지워 버린
망각(忘却)의 천사

듣는 이 없음에도
종일토록 중얼이며
허공에 말을 한다

비 오면 비 맞고
눈 오면 눈 맞으며
바람 친구 되어
걱정 하나 없었다

놀이터

삐거덕 삐거덕
젊은 엄마와 아이가
그네를 탄다

봄볕 따듯해
꽃바람 맞으며
그네를 탄다

지지배배
아이들이 논다
놀다가 싸우고
웃다가 운다

시간이 흘러
해 저물어 가면

삐거덕
그네 소리도
지지배배 소리도
끊긴다

봄날 창문 밖
놀이터의 하루였다

들길에서

아침 들길 걸으면
바람에 들려오는
생명의 합창소리

초록빛 눈부시어
한 아름 안으면
가슴 벅차 하늘을 본다

쏟아지는
햇살 따라가면
풀잎에 묻어난 향기

이슬 머금어
빛나는
바람에 작은 몸짓들

필경 그것이
보석보다 아름답게
느껴지는 것은

살아있다는
생명들의 환희
때문은 아닐까

아침 찬가

먼동이 튼다
햇살 눈부신 이 아침

새롭게도 매일
한 번도 쓰지 않은 날들을
선물 받으면서
나는 얼마나 감사했던가

잠깐이면
다 잊어버릴 괴로움 때문에
잠깐이면 다 잊어버릴
슬픔을 간직하느라고

돌아올 수 없는
소중한 날들을
버리고 있지는 않았는지

연연하지 말고
새로운 이 아침을
감사하며 맞이해야지

없을지도 모를
내일을 기대하지 말고

햇살 눈부신 이 아침
오늘이 가장 좋은 날이라고
생각하면서…

귀향(歸鄕) 길에서

회귀(回歸)본능의 연어는
수만 리 바닷길을
떠돌며 살다가
결국에는 고향을 찾아가
그곳에서 새끼를 낳고
죽는다고 합니다

태어난 곳으로
돌아가기 위해
폭포를 솟아오르다
몇 번씩 떨어지면서
살 터지고 피를 흘려도
고향을 찾는 것입니다

이처럼
하찮은 미물마저
회귀본능이 있기에
살아가면서 인간들도
누구나
고향을 그리워하지요

그것은
우리 모두가
고향을 떠나왔다는 것이며

강물에 부평초처럼
바람에 구름처럼
나그네 길을
가고 있다는 것입니다

세월은
기다려 주지도 않으며
나그네 길은
오래 가지도 않습니다
짧고 잠깐뿐입니다

사랑과 미움
기쁨도 아픔도
바람처럼 스쳐 간다는 것을
우리는 잘 알고 있습니다

그리고 누구나
세상 것은 모두 버리고 갑니다
올 때 빈손으로 왔던 것처럼
갈 때에도
벌거벗고 갈 것이기에
스쳐 지나는 길에서
탐욕하지 말고
연연하지 마세요

고달픈 인생의
나그네 길이 끝나고
우리 모두 고향으로 돌아갈 때는
오직 한 가지
본향에서 필요한 믿음의 결실만을
가지고 갈 뿐입니다

어디에서 와서
어디로 가는 것인지
알지 못하는 생명들을
함께해야 하는 것입니다

그 길은
의를 행하지 못하면
갈 수 없는 길이기에
아무리 험한 고난의 길일지라도
인내하고 사랑하며
선의 씨앗인 열매를
나누어야 합니다

그 열매는
나그네 길을 살다가
돌아갈 때에
본향에서 크게 쓰여질

아름다운 선물이기 때문입니다

그리고
함께 돌아가는 날
본향에 안기어
우리 모두 그곳에서
별과 같이 빛날 것입니다

그곳은
우리가 영원히
쉴 곳이기 때문입니다

수양(修養)

인성은 사랑으로
위하는
숭고함도 있더니

화(禍)로
죽이는
백정이 되기도 하네

선과 악이
공존하는 양심

감정은 어쩌다가
야수가 되기도
천사가 되기도 하니

배우고 다스려
화를 버릴 일이다

욕망의 죄

잠 속에 보이더니
깨고 나면 꿈인 것처럼

돌아보면
인생살이 모두가
허망한 것을
가지고 갈 수 없는 것인데
어쩌자고
그토록 남기려
집착으로만 살았는지

무심으로
무소유한다면
심신이라도 편할 것을

슬픔은 무엇이고
기쁨은 또 무엇이리
사랑도 미움도
그 모든 욕망의 죄는

살아가는 동안을
아프게만 합니다

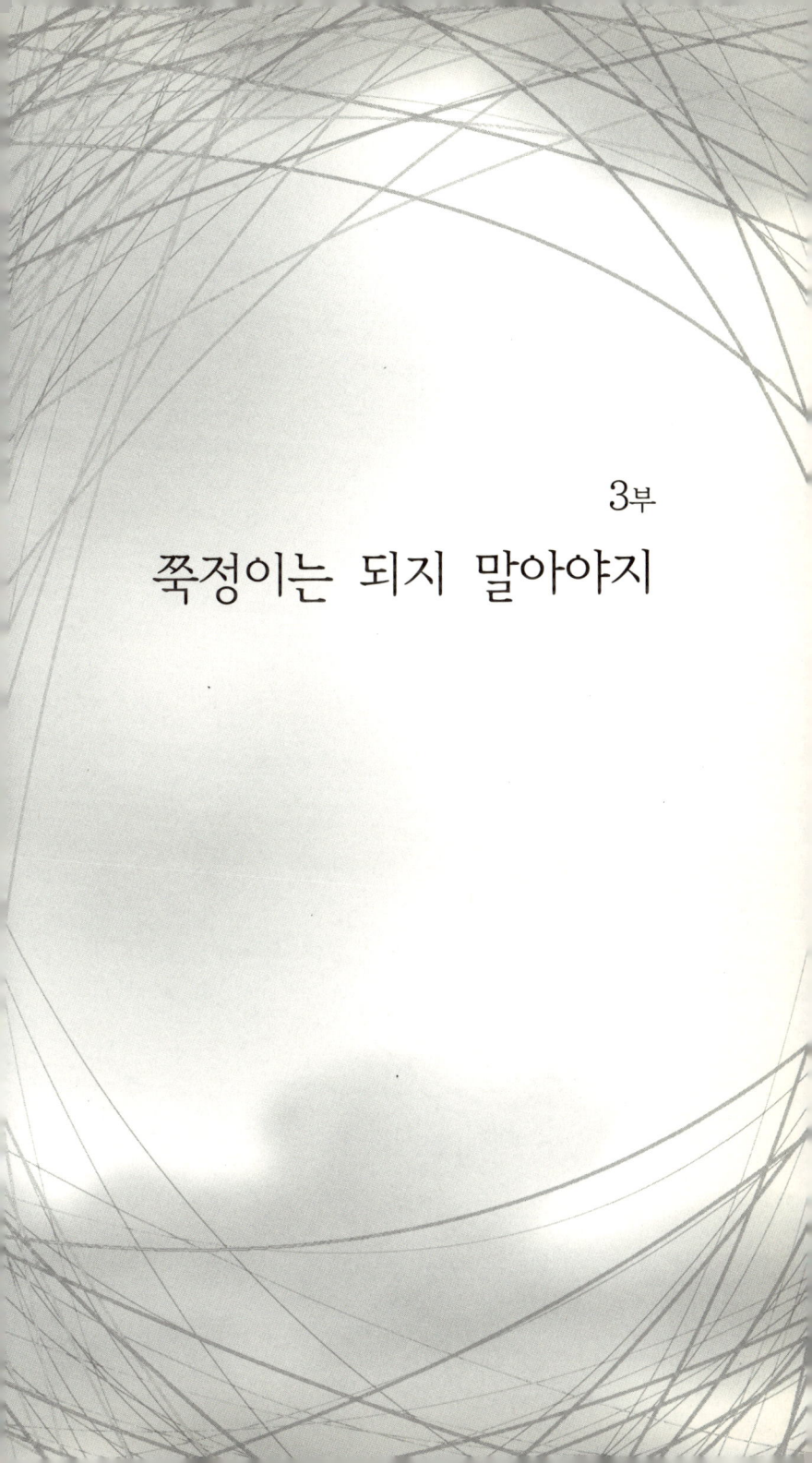

3부
쭉정이는 되지 말아야지

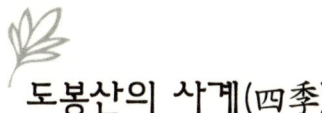
도봉산의 사계(四季)

기암자락
우뚝 선
북산 자운 봉(峯)

하늘 닿을 듯
장엄하게도
백설(白雪)에 살다가

오봉 구름
마파람에 가면
얼음 터진 옥수(玉水)를
송사리들 반긴다

초록 덮이면
쉴 곳이던가

골마다
지친 가슴들
떠날 줄
몰라 하더니

어느새
쪽빛 하늘은
수채화 그리네

쭉정이는 되지 말아야지

뒷마당 한켠에
담장 타고 가는
호박 줄기

떡잎 사이로
다른 녀석들
하루 다르게
커가고 있건만

자라지 않는
호박 있어
살포시 만져 보니

물컹한 것이
썩어가고 있었다

같은 뿌리에서 나와
다른 것은
모두 잘 자라는데

크지도 못하고
죽어가고 있었구나

한세상 살며
다하지도 못하고
거듭나지도 못할

어쩌다
쭉정이 되었는지

사는 동안을
쭉정이
너만 아팠을까

겨울에는

겨울이 오면
아내와 함께

두산리 시골 텃밭
배추 거두어
잠자리 날 때 말려 놓은
고추를 갈아
김장을 담가야지

눈이 오면
호박고구마 구워
동치미 국물로
도란도란
맛있게 먹고

눈 쌓이면
서랍장 깊은 곳
누비잠바 꺼내 입고
눈을 밟으러
강변으로 나가야지

언덕길에서
미끄럼 타며
눈사람 만들어

세워놓고
눈싸움도 해봐야지

그러다가
겨울 깊어 가면
시클라멘 꽃피운
거실에 앉아
커피향 맡으면서

창 밖
목련나무 뿌려지는
눈송이 바라보며
소근 소근
옛 이야기 나누어야지

그리고 따뜻한
봄날을 기다려야지

도시의 밤하늘

하늘에 별이 없다
어둠뿐이다
미친 불빛이 가려져
별이 없었다

지친 그림자들
운무처럼 내려앉은
안개 속을 가는데
체중 같은 어둠 속에는
굉음만 들린다

천상(天像)이 같은 것이련만
불영계곡 옥수에
쏟아지던 별들은
모두가 죽었던가

빈 가슴이
별을 보고 싶건만
도시에 밤하늘은
별이 없었다

매연에 가려져
미친 네온에 가려져
별이 없었다

매미

장맛비 쓸고 간
강나루에
슬픈 삶이 있습니다
미루나무 매미
맴 매에 엠
목 터지도록 울지요

땅 속
서러운 세월
원망스러워 울고
오매불망 님 만나려
소리 내어 운다지요

그토록
목쉬어 울다가
단 한 번의 환희를
땅 속에 묻고
기력 다해 부서져
먼지처럼 간다지요

만 다섯 해
땅속에 숨어 살다가
보름을 울고
떠난답니다

만추의 고독

어제인 듯
여름날 매미
목쉬도록 울다 갔는데

꽃의 순리는
어느덧
낙엽이랍니다

문설주 기대
저물어 간 어둠을
바라보자니

스산한 바람결에
귀뚜라미 울고
밤새도 웁니다

스쳐 지나면
다시 올 수 없는
길이라기에

살아있는 것들이
저토록 가는 날들을
슬퍼 우는데

계절만은
속절없이 가네요

아쉬움 하나 없이
가네요

무심한 세월이랍니다

바둑

백석(白石)이 오석(烏石)과
싸움을 한다
광활한 땅 위에서

제갈 량 사마의
지혜를 짜내
사력 다해 싸우는
장수들 군졸들

이기기 위해 싸운다

눈목으로
허공 나르고
치중하여 찌르면

땅에는
죽은 돌 산돌
피 비린내 속이다

마지막 군졸 하나를
살리기 위해
패(敗)가 걸리고

한 치도 양보 없는
사생전(死生戰)이다

최선을 다한
무아지경 끝에서
사석(死石)
거두어지면

패장은 울며 가고
승장은
깃발 하나 올리더라

방파제에서

동해바다
해풍 맞으며
낚싯대 처박고 기다렸는데

휘청이는
대를 보고
잽싸게 채고 보니

둔탁한 것이
따라오질 않는다

아니
얼마나 큰 것이기에
꿈쩍을 않는다

사력을 다해
애를 써 봐도
따라오지 않으니

저 깊은 바다 속
꺼낼 수 없는 괴물은
무엇이었을까

포기하고
놓아주기로 했다

지구를
낚싯대로 잡을 수는
없었나 보다

배밭 갈비

호젓한 길가
청사초롱 불빛 아래
이화(梨花)가 눈처럼 날린다

서쪽 하늘
초저녁 별 하나
마파람에 흐르는데

평상 걸터앉으니
어둠에서 불어오는
싱그러운 꽃향기

목마른 행락
갈급한 한잔 술에
봄 화신은
몸 속 깊은 곳에 와 있었다

이화 향으로
숙성했던가
날아드는 꽃잎에 잔은 넘치고

밤이 늦도록
태능골 배밭 갈비
이화가 날린다

비인만에서

철썩 철썩
파도 소리에 곤한 잠 깨니
먼동 튼 창문 너머로
바다가 코앞이다

어젯밤 그토록
소나기 퍼붓더니
자욱한 안개 솔밭 사이로
바다가 평화롭다

수평선 끝에는
잿빛 하늘만 있고
배 하나 떠가는데
바다는 파도소리뿐

먹구름 휘감긴
띠 섬 위로 한가로이
백구 한 마리 난다

장마 계절
훵 떠나온 길에
머무른 곳
서천 비인만에
와 있었다

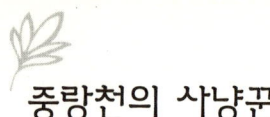
중랑천의 사냥꾼

물가에
백로 한 마리
조는 듯
외다리로 서 있다

물고기
동그라미 만들면
살금살금 걸어서
사냥을 한다

꾸역꾸역
긴 모가지 넘기고
한 모금 물을 쪼아
하늘을 본다

도둑 걸음 걷다가
아닌 것처럼
조는 듯
외다리로 서 있다

중랑천에는
사냥꾼이 있었다

설악고목

설악에 쓰러진
고목이여
살으리 살으리랏다
죽어도 살으리랏다

첩첩산중
설악 물소리 들으며
죽어도 살으리랏다

휘휘 뒤틀린
늙은 소나무 고행 버리고
천리를 이기지 못해
죽어버린 고목이어

풍악 벗하여
살아온 세월 얼마인데
쓰러져 누웠으니
천년을 죽어도

그대로 그렇게 살으리랏다

주(酒)

술(酒)
마시다 보면
내가 사도 즐거운 술
공짜라도 괴로운
나쁜 술 있더라

좋은 사람과 술은
단맛이지만
싫은 사람과의 술은
쓰기만 하니

좋은 술은 약이 되어
단비처럼 몸을 적시지만
나쁜 술은 독이 되어
오장(五腸)을 해하니

그래서 독주는
개숫물만도 못한 것이라
가려서 마셔야 하겠더라

술
좋아서 마셔야 하고
마시면
좋아져야 할 것이나

좋아도
넘치면 독이 되니
과를 넘지 않는 것이
좋을 것이나

꾼들은
즐거워서 과하고
괴로워서 과하니
수시로 과를 넘고 살더라

의지 약한 나도
꾼이라는 호칭으로
오늘도
과를 넘고 산다

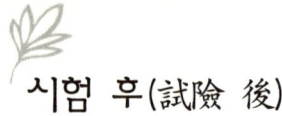
시험 후(試驗 後)

샛강 물위로
산들바람에 솜구름 간다

조는 듯 기대 앉아
초릿대 바라보는
태공 모습이 한가롭다

긴 여름날을
작은 숨 몰아쉬며
해를 보지 못했던 가시방석과
목표를 향했던
안경 넘어 깨알 글씨
그 초조함을
모두 버리고
이제는 한가롭고 싶다

산들바람
코스모스 강가에서
두꺼비 한 병
솜구름 안주하여

나도 이제는
한가롭고 싶다

시화 방조제

허공의 줄처럼
가늘게 그려진 지명은
시화 방조제

갯바람 맞으니
바다는 토막나고
어느 곳이 바다인가

열린 바다는
삼십 리 외줄 하나뿐

혹처럼 앉은
가리섬 쉼터
끝없는 수평선에
들 나는 파도

갈매기 나는
바다를 본다

한계를 극복한
인간의 지혜
지도가 바뀐 장엄한
승리를 본다

애완견

녹천 마을
초안산길
내시 무덤 옆

열두 해 살다간
재롱이 잠든 곳

아카시아 꽃잎
눈처럼 날리던 날
녹천(鹿川) 냇가
철마 소리 들으며
홀연히 떠나갔지

재롱이 가고 나서
왕방울 눈물로
슬퍼하던 꼬맹이들
이제는
어른이 되었건만

세월 속에 흙이 되었을
예쁜 강아지

초안산길 가다 보면
뽀미가 그립다

여의나루

유람선 불빛
사라진 지 오래이고
안개 낀 강변에는
고요만이 흐르는데

가로등 불빛 아래
하얗게 꽃잎이 날린다

한때 만개했건만

나들이 길손
안타까운 마음도 아랑곳없이
그 모습 다하고
흩어져 간다

잠시 피었다가
머물렀던 날들을
묻어 둔 채로

바람에 날려
떨어지고 또 떨어지고

여의나루에 봄날이 간다

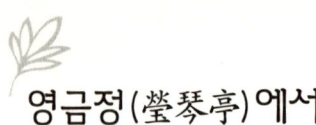
영금정(瑩琴亭)에서

해 기울어
피멍 들은 바다

억겁 세월에
패인 바위 사이로

파도 휘 돌아가면

기암(奇巖)은
울고 있었다

껍질을 벗기는
아픔을
퉁 둥 텅 덩 소리내어
울고 있었다

세월 속에서
울고 있었다

월척을 기다리며

저무는 하늘에
둥지 찾아가는 새들 보이니
마파람 죽어간 물가
늙은 억새도 잠들어 간다

꾼들 떠난 밀밭 옆
괭이처럼 앉아
종일토록 지친 마음이
지루함만 더하고

행여 올 새라
눈 모아 보지만
끝내 너는 보이지 않고
어둠 내린 호수에는
별 하나 보인다

이젠 떠나야 하나

아쉬움
가득 안고 떠나야 하나

종일토록 기다린
너를 보지 못하고

이(耳)

살아가면서
말하고
보고 듣고 사는데

말하기 싫으면
닫을 수 있고
보기 싫으면
감아 버릴 수 있다지만

너는
좋으나 싫으나
스스로
열고 닫을 수 없으니
운명인 것을

어차피
열고 닫을 수 없어
들을 수밖에 없는 것이라면

사는 동안을
고운 소리만 듣고 가자

그러다가
세월 속에서

그마저
짐 되는 날이 온다면

접어 둔 것
모두 꺼내어

피었던 무지개 아래
뿌려 놓고 가야지

의지

딱섬
벼랑 끝
늙은 소나무

고난의 세월 건너
허리 휘었구나

사천만(泗川灣)
해풍 할퀴어
뜯겨진 바늘잎이

찢을 듯
혹한의 이 겨울을
파도 맞으며
초연히 서있다

내린 뿌리
바위 올라앉아
맨살 몸이
바람에 아프련만

하늘 향한 푸름은
변함이 없구나

삼분령 새벽

들 물에 볼락
고무대야 채우고
이슬 맞아 속살 젖은
낚시 삼매경

새벽 만조
뜸해진 입질에
선창 끝 휘감는
안개를 맞는다

검푸른 먼동에
짓쳐 드는 안개는
저만치 언덕
처갓집 파란 지붕도
흐드러진
유채꽃 텃밭도
시나브로 사라져가고
건너편 딱섬마저
삼켜 버렸다

동트는 새벽
삼분령 앞바다
안개 휘감는
선창 끝에 서 있었다

코스모스

가을에는
별이 된 코스모스
모가지 길게
바람에 춤을 춘다

지치도록
춤을 추다가
다하여 내리는 날
몸을 누여서
천리의 이치는
생명을 뿌린다

지는 꽃잎은
슬픔이었고
떨어진 씨앗은
축복이었다

가을
환희와 슬픔이
교차되는 날에
하늬바람
코스모스는

슬프고 아름답다

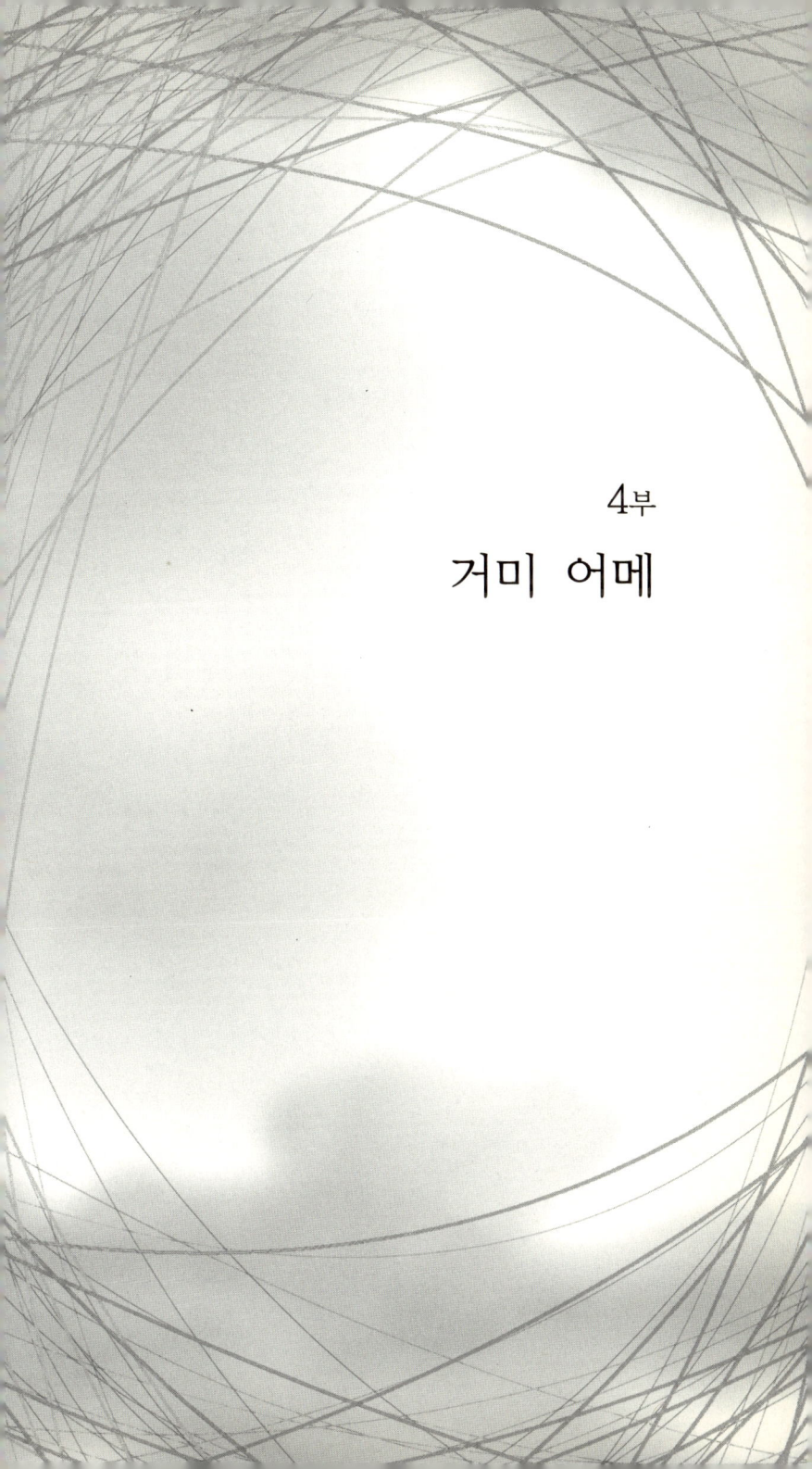

4부

거미 어메

겨울나무

잿빛 하늘은
눈이 내리려나
비탈진 언덕에
옷 벗은 가시나무
바람에 운다

잎새를 보내고
몸이 추운 가시나무
오가는 세월
같지 않은 아픔은

빈 가지 찾아온
겨울 까치도
목쉬도록 울다 간다

이 겨울
가시나무는
하루가 아닌 날을
울고 있는데
윙 윙 소리 내어
울고 있는데

기다림의 봄날은
언제쯤일까!

거미 어메

초저녁
어스름에
잠드신 모습

가까이 바라보니
한숨이 난다

저승꽃 피어서
야위고 패인 주름

거미 삶이 생각나
눈물이 난다

먹이 없으면
살과 피 주고

말라가는 껍질이
바람에 흔들리니

모르는 거미새끼
그네 탄다

울 어메
그네 탄다고

거두어 주고
겨우 남은 생명이
무명실로
매달렸건만

어메
죽어가는 줄도 모르고
그네 탄다고

산 넘어 강 건너
반백 년 세월에

아직도
나는
거미 새끼는 아닌지

팔순 풍파
우리 어메

어스름 밤 북받쳐서
눈물이 난다

강변의 고독

어스름녘
서쪽하늘 별 하나
가을새 날갯짓 따라
샛강에 가니

바람 스산해
옷깃 여민다

강둑에 앉아
으악새
울음소리 듣는다

그리움인지
외로움인지

하늘에는
별이 서넛 보인다
처량하게도
벌레들이 운다

중랑천 샛강
가을 깊어 간다

눈

눈이 내린다
강산에
하얗게 눈이 내린다
바람 따라서
세상으로
하얗게 눈이 내린다

운명처럼
물위로 떨어진 것은
슬프게도 져 버리지만

벼랑 끝에도
평온한 대지 위로도
눈은 내리고
밝은 곳
어두운 곳
높고 낮은 곳에도
눈꽃이 핀다

저마다
머문 곳에서
잠깐 동안을
꽃 한번 피워 놓고
살다가 간다

굿

그토록
애태우시다
정화수 놓고 빌던
어머니

온갖 치료에도
낫지 않는
아픈 누이 등에 업고

서리 내리는
하얀 밤길을
박수무당
따라가셨지

오색 천 돌무덤
고목나무 성황당에
촛불 밝히고

징소리로
병 고친다는
귀신 불렀지

자식 아픔에
행여 하는 마음은

두려워 우시고
설움에 우시고

악령 씌어 낫지 않는
누이 병
고쳐 달라고

빌고 또 비셨지

하얗게
서리 내리던 날 밤에
낙산 성황당

불혹 사별
홀로였던 당신은

아, 어머니

나의 어머니

노을 나그네

고갯마루
서산 해는
가는 길 재촉하건만

등에 멘
보따리는
버리고 갈 짐들

무슨 까닭인가
놓을 줄 모르니
안타깝기만 하구나

아직은
서산 해인데
저물어 흉스럽지 말고

지는 해
노을 곱도록
내려놓고 가야지

곡(哭)

어이 어이
살아서 있던 일들
버리고 간다
삼일장 울음 듣고
관 가마 탄다

어찌 왔는지
가는 곳 어드메인지
알지도 못한 채
불가마 던져져
태워진 육신

어이 어이
한줌 가루 뿌려져
간 곳 없는데

이승살이
꿈같은 세상일들
허공 사라지고
이름만 남았구나

어이 어이
세월 가면 잊혀질
이름만 남았구나

겨울 바다

눈 내리는 겨울 바다
포구는
고요함만 짓쳐 들고

철썩 철썩
파도소리에
걸음 멈춘 나그네

물에서 와
잠시 순간을
꽃으로 피었다가

다시 물이 되는
저 수많은
눈꽃송이들

바다는
말없이 받아들이고
꽃송이는
흔적도 없이
사라져 간다

겨울 나그네도

잠시 왔다가
돌아갈 텐데

육신의 흔적
저처럼 남기지 않고
돌아갈 텐데

잠시 피었다가
사라지는
눈송이들 때문에

겨울 바다는 슬프다

철썩 철썩
파도로 운다

북망산

벽제산
언덕 올라서면
풀섶 봉오리들

생전 모습
안타까운 치장인가
초봉(草峰)마다
제비꽃 피웠네

구름같이
바람같이
덧없는 한 세월

절세가인
부귀영화는
무엇이었나

사연마다
백골로 남아
넋마저 있는지도

이슬비 봄날
북망산에는
뻐꾹새만 운다

생명

새는
하늘을
날고 싶어서 나는가

기력 다해 피는 꽃도
피고 싶어
피는 것일까

아니다

날지 못하고
피우지 않으면

스스로
죽는 것이기에

생명을

날갯짓으로
꽃잎으로

대답할 뿐이리

소임(所任)

인생의 강을
건너가려면
무겁게 짐을 져야
떠내려가지 않는다기에

그러나
무거운 짐은
가는 동안이
눈물이랍니다

차라리 놓을까
생각했지만
두려움은 비우지도 못하고
죄인 양 눈물이랍니다

오늘도
바람에 강물 거세니
등에 짐은
질긴 정(情) 이유가 되고

인생의 강은

살아가는 동안이
눈물이랍니다

아내

만남에서
당신은 누구시길래
철없이 조르던
누이 같더니
기쁨과 슬픔에는
친구이어라

삶에서
당신은 누구시길래
곧은 심성 일러주던
누이 같더니
지치고 아픈 몸에는
엄마였더라

세월 속에서
당신은 누구시길래

어느덧 내게
모든 것이어라

어머니

처서 지난
늦더위
어둠 내린 골목길

뜰 앞
평상 같은 의자는
내 어머니 자리

매일처럼
어둠이 오면
손부채 벗하여

날개 잃은 새처럼
외로이 앉아
바람 맞으시던

어머니

어둠 속
화단을 보시다
또 눈을 감아 보시고
무슨 생각이실까

새끼들 염려일까
늙어 병들은 육신
가시는 길 염려되나

그도 저도 아니면
팔십 다섯
산길 물길을
가시고 오시는가

늦더위 밤에
집 앞 뜨락 의자에는
내 어머니
바람맞고 계시는데

바라보는 나는
왜 이다지도
가슴이 아플까!

어머니
아! 우리 어머니

의문

나는
무엇인가요?

나를 몰라 물으면
나는
나라고 하네요

알려고 해도
별 수 없어
차라리
모르고 살려 했는데

산은 산이고
물은 물이라는
아리송한 귀동냥

산은 무엇이고
물은 또 무엇이던가

너는 누구인가
나는 누구인가
모든 것이 무엇이던가?

골몰해도
풀 수 없는 수수께끼는
어쩌면
죽어도 모를 것입니다

그저 나는
나라고만 하는데

나는 무엇인가요?

하루살이

저무는 강가에
하루살이들

어둠 오기 전
마지막 날갯짓이
춤을 춘다

노을 죽으면
한 나절 삶의 기억도
사라져 갈 텐데

오가며 만난
날파리들
내일 다시 보자 하건만
내일은 또 무엇일까

속절없는 운명이
못내 아쉬워
몸부림은
슬픈 날갯짓뿐

점차 어둠 속에서
발악처럼 날갯짓도
내려야 한다

이제는
보이지 않는다
아무것도 보이지 않는다

하루살이 사라진
밤하늘은 어둠뿐이다

인생

시간이 다르고
느낌이 다른
같지 않은 날들이지만

기대하는 모든 것은
채울 수 없는
공허함뿐인 것을

꿈속에 이루어짐이
깨고 나면 없는 것처럼
어차피
기다림의 바람도
빈 것이련만

날마다
마디마디 서글픈 것을
보내고 맞는다

그마저 없다면
어둠뿐이고
어둠은 눈이 멀어
보이지 않는다기에

허상(虛像)

산다는 것은
좋은 거지
그러나 슬픈 것은
꿈이라는 거야

행복의 기쁨도
아귀다툼 부귀영화도
모든 것이 꿈인 줄 모르고
산다는 거야

자신이 누구인지
어디에서 와 어디로 가는지
알지도 모른 채
번민으로만 산다는 거야

산다는 것은
좋은 거지
그러나 슬픈 것은
허상일 뿐인데

휘 이
바람처럼 스쳐 갈
찰나의 꿈인 줄도 모르고
산다는 거야

성묘길에서

간이역 나서면
흙먼지 길 이십 리
오랜 세월에
봉 낮은 무덤은
문패마저 초라한
내 아버지 잠드신 곳

가을 풀 우거진
봉오리를
손 호미로 다듬어
한잔 술을 올립니다

그토록
세월이 흘렀건만
당신에게는
지금도 어린 나는
생전 모습에 기억을 더듬어
일러주신 약속을 드립니다

살아가는 동안을
부끄럼 없이
바램으로 살다가
가겠노라고

혼자 가는 길

무리 속에서
잊고 살지만

혼자이면 외롭습니다

정(情) 많아도
외로운 것은
바람처럼 스쳐 지나
혼자 가기 때문입니다

올 때에도
울면서 홀로 왔는데
가는 길도
울면서 홀로 가는 길

삶이 슬프고
외로운 것은

휭 하게
바람처럼 홀로 왔다가

혼자 가기 때문입니다

화장터

인연이
눈 한 번 깜박였는데

불구덩이
남은 것은
한줌 부스러기 뼈

쿵덕 쿵덕
뼈 빻는 소리 맞춰
곡만 남으니

심령마저 조각나고

아!

인연이
꿈이었던가

마지막 길을

하얗게
구름을 타고 간다

고행

삶은
고달프게도
숨바꼭질입니다

술래가 되어
찾으면 또 찾고

언제나
새것을 찾아
술래잡기 합니다

본디 없는 것이기에

찾았다 해도
얻을 수 없건만

탐욕은
끝이 없으니

사람들은
찾으려고만 합니다

파랑새

북산(北山) 능선
하늘 닿은 곳 가면
기다려도 오시지 않는
님 계신다기에

굽이굽이
산돌아 헤매도
무지개 따라간
파랑새인가

상상봉 아래
길어진 모가지는
불러도 또 불러도
메아리뿐이다

아, 연정(戀情)에 기다림
하루가 아니련만
오늘도 북산 인연
올 줄 모르고

사모하고 싶은 파랑새는
멀리만 있구나

소망

나는
오석(烏石)이고 싶네

위로도
옆으로도
아래로도 둥근

나는
오석이고 싶네

뾰족하게
모나지 말고
별처럼 빛나는
나는
오석이고 싶네

하늘 아래
부끄럼 없이
이슬처럼 아름다운

사는 동안을

나는
둥근 오석이고 싶네